MACH M...!

Schülerbuch 1

© 1995 ELI s.r.l. - European Language Institute
P.O. Box 6 - Recanati - Italy

Druck: Tecnostampa - Italy

MACH MIT!
Schülerbuch 1

Einheit 1	Hallo!	4
Einheit 2	Neue Freunde	8
Einheit 3	In der Schule	14
Einheit 4	Zeit zum Schlafengehen	22
Einheit 5	Michaels Geburtstag	28
Einheit 6	Ein Scherz	36
Einheit 7	Der Sonnentanz	46
Einheit 8	Michaels Haus	52
Einheit 9	Die Tierschau	58
Einheit 10	Michael ist beim Arzt	66
Einheit 11	Michael friert	72
Einheit 12	Im Park	78

Ich heiß' Michael

Ich heiß' Mi –cha – el, ich heiß' Mi – cha – el,

wie heißt du, wie heißt du? Komm, wir ge-hen spie-len,

Komm, wir ge-hen spie-len, ich und du, ich und du.

Ich heiß' Michael,
ich heiß' Michael,
wie heißt du,
wie heißt du?
Komm, wir gehen spielen,
komm, wir gehen spielen,
ich und du, ich und du.

Einheit 2
Neue Freunde

Es ist Morgen.

Guten Morgen!

Guten Morgen!

Hallo!

Es ist Abend.

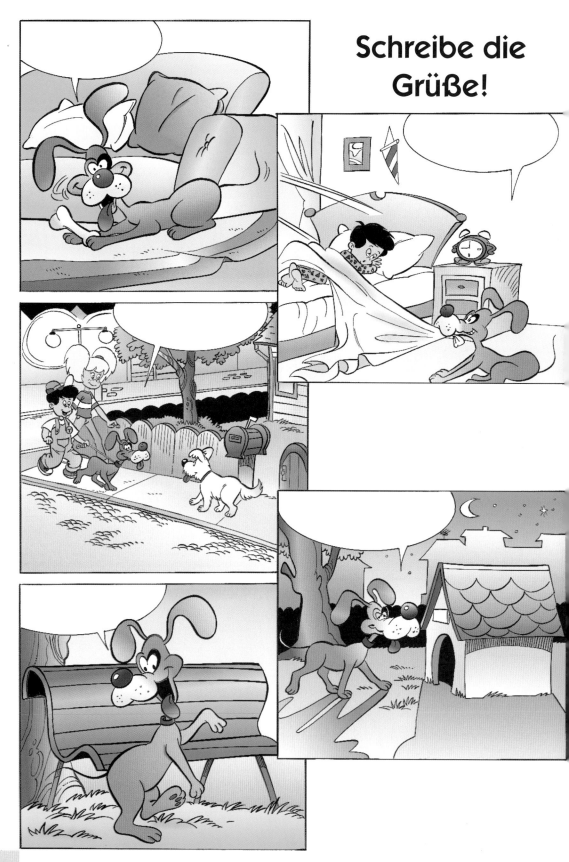

2.1.3.3.4.   3.5.6.7.6.   8.9.6.10.11.12.6.
_ _ _ _ _   _ _ _ _ _   _ _ _ _ _ _ _

13.4.11.   15.5.16.2.1.6.3.,   17.6.18.9.1.   10.11.12.
_ _ _ _   _ _ _ _ _ _ _,   _ _ _ _ _   _ _ _

8.4.19.5.!
_ _ _ _ _!

A = 1   M = 15
B = 7   N = 11
C = 16   O = 4
D = 12   P = 17
E = 6   R = 9
F = 8   T = 18
H = 2   U = 10
I = 5   V = 13
L = 3   X = 19

11

SUCHWORTRÄTSEL

M	A	E	D	C	H	E	N	M
T	B	H	M	W	E	I	E	O
S	E	U	E	H	I	H	E	R
C	N	N	I	I	S	A	J	G
H	D	D	N	S	S	L	U	E
U	S	T	E	D	E	L	N	N
E	N	A	C	H	T	O	G	U
S	C	H	W	E	S	T	E	R

❏ Mädchen (ä=ae) →   ❏ meine ↓

❏ tschüs (ü=ue) ↓   ❏ heiße (ß=ss) ↓

❏ Abend ↓   ❏ Hallo ↓

❏ Hund ↓   ❏ Junge ↓

❏ Nacht →   ❏ Morgen ↓

❏ Schwester →

__ __ __ __ __ __ __ __ __ __ __ ?

Alle meine Entchen

Al le mei ne Ent chen, schwim-men auf dem See,

schwim-men auf dem See, Köpf-chen in das Was ser,

Schwänz-chen in die Höh'!

Alle meine Entchen,

schwimmen auf dem See,

schwimmen auf dem See,

Köpfchen in das Wasser,

Schwänzchen in die Höh'!

Einheit 3
In der Schule

Das ist deine Schule, Michael.

Schule

Hast du das Buch?

Ja, hier.

Hast du das Heft?

Ja, hier.

Und den Stift?

Guten Morgen, Kinder. Setzen!

Fangen wir an!

Male diese Dinge an!

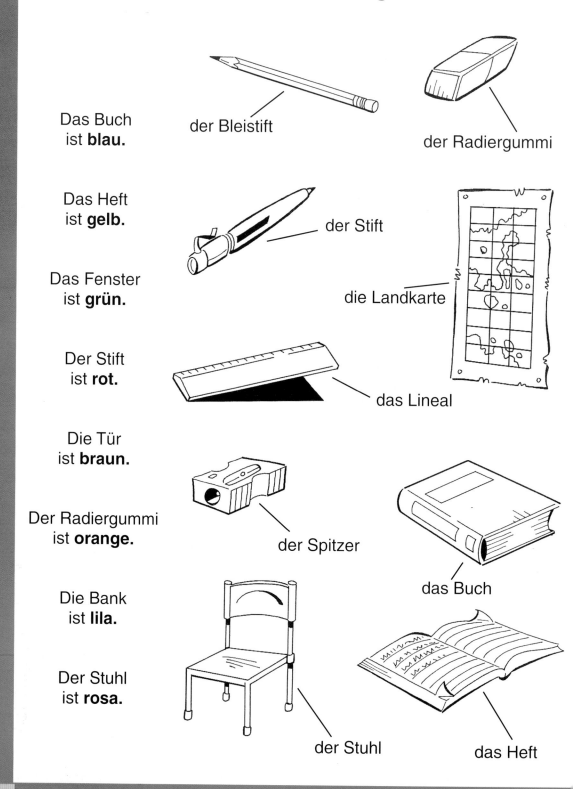

Das Buch
ist **blau.**

der Bleistift

der Radiergummi

Das Heft
ist **gelb.**

der Stift

Das Fenster
ist **grün.**

die Landkarte

Der Stift
ist **rot.**

das Lineal

Die Tür
ist **braun.**

Der Radiergummi
ist **orange.**

der Spitzer

das Buch

Die Bank
ist **lila.**

Der Stuhl
ist **rosa.**

der Stuhl

das Heft

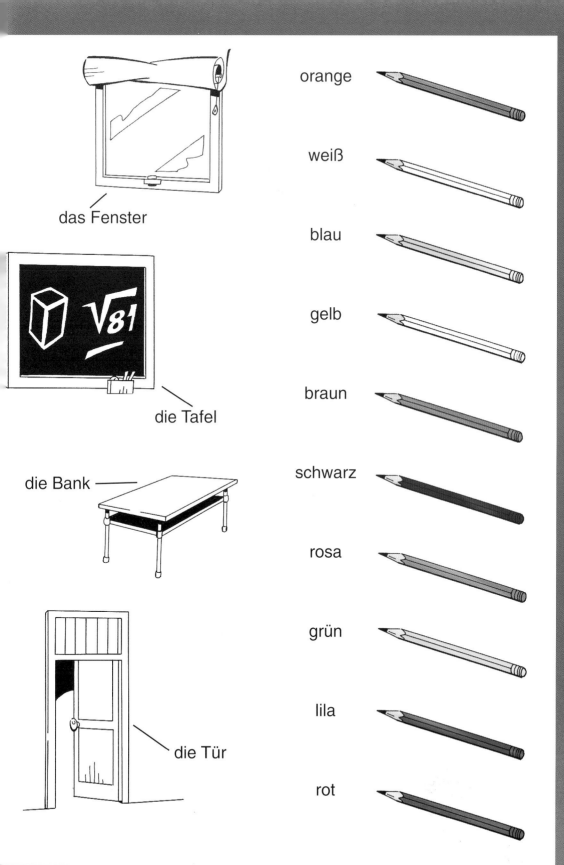

das Fenster

die Tafel

die Bank

die Tür

orange

weiß

blau

gelb

braun

schwarz

rosa

grün

lila

rot

Male die Luftballons an!

Was ist hier?

		A	B	C	D
Eins	1				
Zwei	2				
Drei	3				
Vier	4				
Fünf	5				

G.D.02-92

A1 ....

A2 ....

A3 ....

B2 ....

B3 ....

C2 ....

C3 ....

A5 ....

Was ist das?

Wir machen eine Anstecknadel!

Du brauchst:

Schere

Pappe

Tesafilm

Klebstoff

Ich spreche Deutsch!

Hallo!

Guten Appetit!

Bitte lächeln!

So geht es:

Deine Anstecknadel ist fertig! Ist sie nicht schön?

Einheit 4
Zeit zum Schlafengehen

23

Die Zahlen

Wieviel Uhr ist es?

Schreibe die Telefonnummern!

Meine Nummer ist: sechs, sieben, sieben, acht, vier

....

Peters Nummer ist: fünf, drei, neun, null, null

....

Regines Nummer ist: eins, zwei, vier, sieben, neun

....

Meine Nummer ist: fünf, acht, sechs, acht, sieben

....

Meine Nummer ist: sieben, sieben, vier, null, fünf

....

Hallo, hier ist neun, null, eins, fünf, sechs

....

Wir machen eine Uhr!

Du brauchst:

Pappe

Schere

Stift

Bleistift

Klammer

So geht es:

Deine Uhr ist fertig!

Einheit 5
Michaels Geburtstag

Richtig oder falsch?

	R	F
1. Peter ist zehn.	❏	❏
2. Regine ist zwölf.	❏	❏
3. Hans ist sieben.	❏	❏
4. Christian ist neun.	❏	❏
5. Monika ist zehn.	❏	❏
6. Stefanie ist sechs.	❏	❏

Wann ist dein Geburtstag?

April   September

Dezember   Februar

Juli

Zum Geburtstag viel Glück

Zum Ge — burts-tag viel Glück, zum Ge-

burts-tag viel Glück, viel Glück, lie — ber

Mi – cha – el, zum Ge – burts-tag viel Glück!

Zum Geburtstag viel Glück,
zum Geburtstag viel Glück,
viel Glück, lieber Michael,
zum Geburtstag viel Glück!

Wir basteln eine Tischkarte:

Du brauchst: **So geht es:**

Buntstifte

Schere

Pappe

Die Tischkarte

ist fertig!

Ist sie nicht

schön?

HANS

Einheit 6
Ein Scherz

Wir lachen!

SUCHWORTRÄTSEL

```
O  R  A  N  G  E  N  S  A  F  T
A  M  I  F  I  S  C  H  C  R  H
B  I  M  I  L  C  H  U  G  U  M
E  L  D  A  N  K  E  N  E  E  M
N  C  U  H  O  N  I  G  R  H  A
D  H  R  T  A  G  K  E  N  S  C
E  S  S  E  E  I  N  R  E  T  H
S  H  T  E  S  S  E  N  E  U  E
S  A  M  S  O  F  O  R  T  E  N
E  K  T  R  I  N  K  E  N  C  A
N  E  R  M  E  L  A  D  E  K  !
```

❏ Orangensaft →   ❏ sofort →   ❏ Hunger ↓

❏ Fisch →   ❏ trinken →   ❏ gerne ↓

❏ Milch →   ❏ Abendessen ↓   ❏ machen ↓

❏ danke →   ❏ Milchshake ↓   ❏ Frühstück (ü=ue) ↓

❏ Honig →   ❏ Durst ↓

❏ essen →   ❏ Tee ↓

— — —   — — —   — — — —

— — — — — — — —

Schreibe die Sätze richtig!

1. hab' Hunger. Ich

....

2. Orangensaft. Ich mag

....

3. trinke Milch. gerne Ich

....

4. Durst. Ich hab'

....

5. esse zum Brot. Ich Abendessen

....

6. zum es Mittagessen? Was gibt

....

7. keinen mag Fisch. Ich

....

Wir machen einen Milchshake!

Du brauchst:

Obst

Honig

Milch

So geht es:

Dein Milchshake ist fertig! Ist er nicht gut?

TRRRR...

DISCO

Das Zahlenspiel

sechzehn
eins
achtzehn
zw(
drei
fünfzehn
zwei
vier
dreizehn
zehn
sechs
zwölf sieben

Wir spielen!

Geh zurück auf 1!

3

Wie spät ist es?

2

Wie heißt du?

1

Wie ist das Wetter im Herbst?

9

Du bist am Ziel!

10

Geh zurück auf 5!

8

Welchen Monat haben wir?

7

Zähle von eins bis zehn!

6

Wie ist das Wetter im Sommer?

5

Geh zurück auf 1!

4

Einheit 7
Der Sonnentanz

Es ist Abend...

Das Programm ist zu Ende. Guten Abend.

Wie spät ist es?

Es ist fünf.

Ich geh' raus.

Wau, wau.

Du bleibst hier, Foxi.

Wohin gehst du, Michael?

Ich geh' spielen.

Aber es regnet.

Du kannst den Sonnentanz machen!

Gut!

Regen, Regen, geh, Sonne, Sonne, komm!

Es funktioniert nicht!

Wie ist das Wetter?

1. Es schneit. **2.** Es ist windig.
3. Es ist bewölkt.
4. Es regnet. **5.** Die Sonne scheint.

SUCHWORTRÄTSEL

B	W	I	N	T	E	R	E	P
E	S	P	I	E	L	E	N	R
W	C	R	E	G	E	N	S	O
O	H	W	I	N	D	S	C	G
E	N	A	S	R	S	P	H	R
L	E	R	E	K	O	A	E	A
K	I	M	G	A	N	E	I	M
T	T	N	E	L	N	T	N	M
T	W	E	T	T	E	R	T	!
F	R	U	E	H	L	I	N	G

❏ spielen →   ❏ spät (ä = ae) ↓

❏ Regen →   ❏ warm ↓

❏ Wind →   ❏ kalt ↓

❏ Wetter →   ❏ Sonne ↓

❏ Frühling →   ❏ Programm ↓

❏ Winter →   ❏ bewölkt (ö = oe) ↓

❏ scheint ↓   ❏ schneit ↓

_ _   _ _ _ _ _ _ !

Wir machen eine Windmühle!

Du brauchst:

Pappe

Nadel

So geht es:

Stift

Schere

Holzstab

**Die Windmühle
ist fertig!
Ist sie nicht schön?**

Es regnet

Es regnet, wenn es regnen will,
und regnet seinen Lauf,
und wenn's genug geregnet hat,
so hört es wieder auf.

Einheit 8
Michaels Haus

Das ist mein Haus.

Komm rein!

Das ist der Eingang.

Das ist das Wohnzimmer.

Ja, aber...

Das ist die Küche.

Schön, aber...

Gehen wir nach oben!

Wo ist Foxi?

unter der Bank

vor der Garage

auf der Bank

hinter dem Baum

In welchem Zimmer ist Foxi?

Richtig oder falsch?

	Richtig	Falsch
Die Bank ist grün.	▦	▦
Foxi ist unter der Bank.	▦	▦
Das Auto ist in der Garage.	▦	▦
Die Tür ist auf.	▦	▦
Es gibt drei Fenster.	▦	▦
Die Fenster sind zu.	▦	▦
Das Dach ist rot.	▦	▦
Michael und Petra sind im Garten.	▦	▦

In welchem Zimmer ist es?

1. ....

2. ....

3. ....

4. ....

5. ....

6. ....

Einheit 9
Die Tierschau

Ich mag Elefanten.

Sie sind schön!

Machen wir eine Tierschau!

Ich rufe meine Freunde an.

Das schönste Tier bekommt einen Preis.

Gut!

Toll!

Phantastisch!

Am Nachmittag

Und jetzt der Preis!

Hilfe!

Der Preis ist für...

...meinen Elefanten!

Die Tierschau

Was ist das?

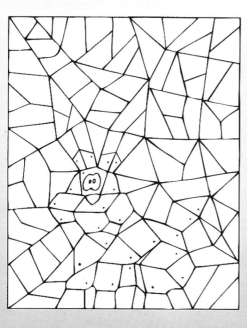

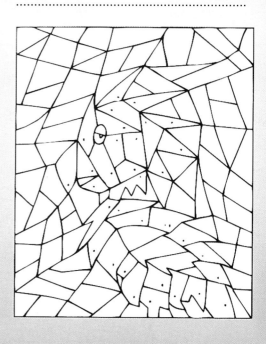

Suche die Tiere
der Tierschau im Schema!

```
E I C H H O E R N C H E N
L P Z J V L O M R T A U S
E G K A T Z E K E K M V C
F G H Z F N B A D Z S P H
A O M T G H C N S Z T P I
N P A P A G E I D P E F L
T D A X N M P N P T R E D
G O L D F I S C H E A R K
A R H D E X M H U T G D R
L M U N B Z A E C I L M O
N G N F Z R F N P Z S P E
A D D B N F R E S H G U T
Z T R O P E N F I S C H E
```

Welche Tiere sind in der Schlange?

Wir machen eine Maske!

Du brauchst:

Schere

Gummiband

**Deine Maske ist fertig.
Ist sie nicht schön?**

Einheit 10
Michael ist beim Arzt

Bein Arzt...

Der nächste, bitte!

Komm rein, Michael!

Danke!

Guten Tag, Herr Doktor!

Mir tut alles weh!

Setz dich!

Was tut dir weh?

67

An deinem Kopf sind:

die Haare   das Auge, (die Augen)   die Nase

der Mund   (die Backe), die Backen   der Zahn, (die Zähne)

die Zunge   das Kinn   (das Ohr), die Ohren

Kreuzworträtsel mit Bildern

Schau und zähle!

1. Wieviele Köpfe siehst du?   Ich sehe ....

2. Wieviele Hände siehst du?   ....

3. Wieviele Arme siehst du?   ....

4. Wieviele Nasen siehst du?   ....

5. Wieviele Jungen siehst du?   ....

6. Wieviele Mädchen siehst du? ....

Wir machen eine Handpuppe!

Wir brauchen:

So geht es:

Knöpfe

Schere

Stoff

Nadel

Faden

Deine Handpuppe

ist fertig.

Ist sie nicht schön?

Einheit 11
Michael friert

Male die Kleider an!

Das Hemd
ist **rot.**

Der Pullover
ist **grün.**

Die
Handschuhe
sind **schwarz.**

Die Mütze
ist **orange.**

Die Windjacke
ist **gelb.**

Die Strümpfe
sind **rosa.**

Das Kleid
ist **rot.**

Der Mantel
ist **braun.**

Der Rock
ist **blau.**

Die Hose
ist **grün.**

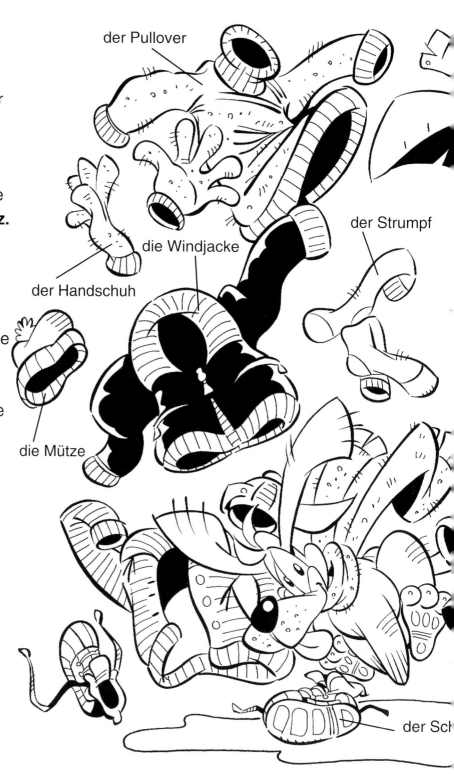

der Pullover

der Strumpf

die Windjacke

der Handschuh

die Mütze

der Sch

das Hemd

das Kleid

der Mantel

der Rock

die Hose

Suche die Unterschiede!

1. ....   4. ....

2. ....   5. ....

3. ....   6. ....

Wer sind Stefan und Angela?

Wer sind Stefan und Angela?

Stefan hat keinen Hut auf.

Er hat eine Jacke, ein Hemd und eine Hose an.

Angela steht neben Stefan.

Sie hat einen Hut auf und ein Kleid an.

Wer sind Stefan und Angela?

Einheit 12
Im Park

Spiele im Park!

1

F	U	T	P
X	C	Q	W
Y	Z	H	L
A	T	S	O

Finde das Tier!

2 Welches Tier ist d...

3 Finde die Nachricht!

9.1.4.　6.7.15.

12.3.15.20.　1.5.8.10.2.?

A = 3	I = 9	S = 1
C = 5	N = 2	T = 4
D = 6	Ö = 10	K = 20
E = 7	P = 12	
H = 8	R = 15	

4 Was sagt der Wolf?

W A N

E S S

N W I

Ein Wortfluß

Wieviele Wörter gibt es?

SUCHWORTRÄTSEL

```
E   N   D   E   F   O   X   I
H   F   U   C   H   S   B   G
A   D   F   I   L   M   R   E
M   E   R   R   S   T   U   H
S   W   O   L   F   I   E   E
T   C   S   H   M   E   C   N
E   E   C   P   A   R   K   T
R   T   H   E   R   E   E   L
I   N   G   P   I   L   Z   E
```

❏ Fuchs →   ❏ Pilze →

❏ Ende →   ❏ gehen ↓

❏ Foxi →   ❏ Brücke (ü= ue) ↓

❏ Film →   ❏ Tiere ↓

❏ Wolf →   ❏ Hamster ↓

❏ Park →   ❏ Frosch ↓

— — —   — — — — — — — — — — — — — —

Was sagt das Eichhörnchen?

14.2.9.9. 16.13 15.9. 16.2.9. 6.1.12.8. 3.2.11.5.4., 6.1.5.5. 1.13.10. 16.15.2. 4.15.2.12.2. 1.13.10.!

A = 1
D = 16
E = 2
F = 10
G = 3
H = 11
I = 15
N = 9

P = 6
R = 12
S = 5
T = 4
U = 13
W = 14
K = 8

Brüderchen, komm tanz mit mir

Brü — der — chen, komm tanz mit mir,

bei — de Hän — de reich' ich dir,

ein — mal hin, ein — mal her,

rund — her — um, es ist nicht schwer.

Brüderchen,
komm tanz mit mir,
beide Hände reich' ich dir,
einmal hin, einmal her,
rundherum, es ist nicht
schwer.

Mit den Händchen klipp,
klipp, klapp,
mit den Füßchen, tripp,
tripp, trapp!
Einmal hin, einmal her,
rundherum, es ist nicht
schwer.

85

Berlin

In diesem Spiel kannst du zusammen mit deinen Freunden Berlin besuchen.
Dazu brauchst du einen Würfel und kleine Spielsteine.
Jeder Spieler würfelt einmal und darf dann mit seinem Stein so viele Felder vorangehen, wie er gerade gewürfelt hat.
Dabei muß er natürlich die Anweisungen auf dem Feld beachten.
Wer zuerst bei Nummer 14 ankommt, gewinnt.

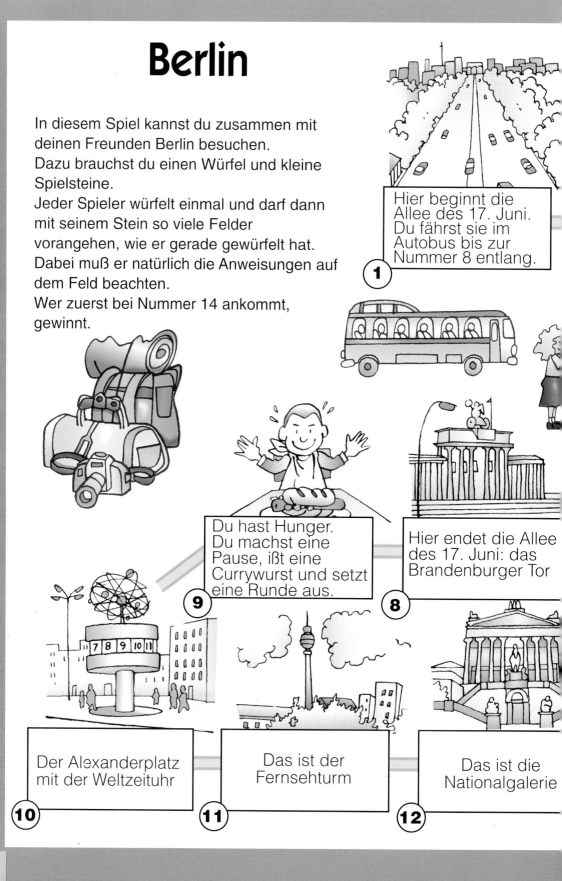

Hier beginnt die Allee des 17. Juni. Du fährst sie im Autobus bis zur Nummer 8 entlang.

1

Du hast Hunger. Du machst eine Pause, ißt eine Currywurst und setzt eine Runde aus.

9

Hier endet die Allee des 17. Juni: das Brandenburger Tor

8

Der Alexanderplatz mit der Weltzeituhr

10

Das ist der Fernsehturm

11

Das ist die Nationalgalerie

12

Das ist die Siegessäule

Das ist Schloß Bellevue.
Du besichtigst es und setzt eine Runde aus

3

Das ist der Tiergarten mit dem Zoo und dem Aquarium: gehe vor bis zur Nummer 6

4

bist immer noch auf der e des 17. Juni. Nimm en Autobus und fahre ück zur Nummer 2!

Aquarium

6

Zoo

5

Du bist auf dem Flughafen, aber wo ist dein Portemonnaie? Suche es auf Nummer 4!

14

Auf Wiedersehen, Berlin!

Wir spielen!

Zähle von 20 bis 0!

1

Singe ein Lied!

2

Wieviele Zimmer sind in deinem Haus?

3

Wel...
ma...

4

Wieviele Mädchen sind in deiner Klasse?

9

Du bist am Ziel

10

Geh zurück auf 4!

8

Was sagt das Eichhörnchen?

7

Was hat der Lehrer an?

6

Geh zurück auf 2!

5

Beschreibe dich!

4

Einheit 1:

hallo

ich bin

ein Junge

ich heiße

das ist

mein Hund

meine Schwester

ein Mädchen

Wiedersehen!

tschüs

wir gehen

spielen

Einheit 2:

neue Freunde

Morgen

guten Morgen

Abend

guten Abend

Nacht

gute Nacht

die Grüße

die Entchen

schwimmen

auf dem See

das Köpfchen

das Schwänzchen

in die Höh'

Einheit 3:

in der Schule

hast du...?

das Buch

das Heft:

ja

hier

der Stift

alle setzen!

fangen wir an!

jetzt

ich rufe

komm!

an die Tafel

wieviel?

falsch

aber

fast richtig

male diese Dinge an!

der Bleistift

der Radiergummi

die Landkarte

das Lineal

der Spitzer

der Stuhl

das Fenster

die Bank

die Tür

orange

weiß

blau

gelb

braun

schwarz

rosa

grün

lila

rot

die Luftballons

was ist das?

wir machen eine Anstecknadel

du brauchst

so geht es

fertig

schön

Einheit 4:

Zeit zum Schlafengehen

es ist 10 Uhr

das Zimmer

unordentlich

bist du im Bett?

ordentlich

die Zahlen

wieviel Uhr ist es?

schreiben

die Telefonnummern

die Uhr

Einheit 5:

Michaels Geburtstag

der Opa

er kommt

heute

natürlich

hurra!

die Überraschung

für dich

im Garten

danke

wo?

gleich

singen

viel Glück!

Hilfe!

süß

Januar

Februar

März

April

Mai

Juni

Juli

August

September

Oktober

November

Dezember

der Frühling

bewölkt

der Winter

es schneit

kalt

der Sommer

die Sonne scheint

warm

der Herbst

es ist windig

wie alt bist du?

richtig oder falsch?

wann?

basteln

die Tischkarte

Einheit 6:

ein Scherz

ich hab' Hunger

auch

hol mir etwas!

zu essen

der Tee

das Brot

die Marmelade

der Orangensaft

immer

später

bravo!

heiß

komm sofort her!

wir lachen

die Milch

das Frühstück

ich esse

das Mittagessen

der Fisch

der Honig

was gibt's?

zum Abendessen

schreibe!

die Sätze

der Milchshake

los!

würfeln

geh zurück!

das Ziel

Einheit 7:

der Sonnentanz

das Programm

zu Ende:

ich geh' raus

du bleibst

es regnet

gut

es funktioniert

wie ist das Wetter?

die Windmühle

es regnet seinen Lauf

es hört auf

Einheit 8:

Michaels Haus

komm rein!

der Eingang

das Wohnzimmer

die Küche

nach oben

die Toilette

unter der Bank

vor der Garage

auf

hinter dem Baum

auf

zu

Einheit 9:

die Tierschau

ich mag

der Elefant

ich rufe an

das schönste

bekommt

der Preis

toll

phantastisch

der Nachmittag

der Hund

der Goldfisch

die Schildkröte

das Kaninchen

das Pferd

das Eichhörnchen

die Katze

der Hamster

der Tropenfisch

die Schlange

die Maske

Einheit 10:

Michael ist beim Arzt

der nächste

bitte

mir tut alles weh

setz dich!

der Kopf

die Nase

der Arm

das Bein

der Finger

typisch

die Haare

das Auge

der Mund

die Backe

der Zahn

die Zunge

das Kinn

das Ohr

schau und zähle!

die Handpuppe

Einheit 11:

Michael friert

Opa erwartet uns

zieh dich an!

ich helf' dir

das Hemd

die Hose

der Pullover

der Mantel:

der Schal

die Handschuhe

darunter

nackt

die Mütze

die Windjacke

die Strümpfe

das Kleid

der Rock

Einheit 12:

im Park

der Film

gehen wir!

schau mal!

die Pilze

der Fuchs

der Schmetterling

ich sehe nichts

komm her!

der Frosch

die Nachricht

was sagt der Wolf?

der Wortfluß

tanzen

einmal

rundherum

schwer

beschreibe!

Berlin:

besuchen

brauchen

der Spielstein

das Feld

vorangehen

die Anweisung

beachten

aussetzen

gewinnen